SCHULPLANER VON:

Über dich:

Wichtige Infos:

-
-
-
-

was Ich mag:

Sonstiges:

Stundenplaner:

Montag	Dienstag	Mittwoch	Donnerstag	Freitag

Weitere Anmerkungen:

Meine Woche

Datum:

Montag

Dienstag

Mittwoch

Donnerstag

Freitag

Samstag   Sonntag

„Pläne sind nichts, Planung ist alles."

Meine Woche

Datum:

Montag

Dienstag

Mittwoch

Donnerstag

Freitag

Samstag   Sonntag

„Pläne sind nichts, Planung ist alles."

Meine Woche

Datum:

Montag

Dienstag

Mittwoch

Donnerstag

Freitag

Samstag

Sonntag

„Pläne sind nichts, Planung ist alles."

Meine Woche

Datum:

Montag

Dienstag

Mittwoch

Donnerstag

Freitag

Samstag   Sonntag

„Pläne sind nichts, Planung ist alles.“

MEINE NOTIZEN:

DATUM:

TO DO LISTE:

- [ ] _____
- [ ] _____
- [ ] _____
- [ ] _____
- [ ] _____
- [ ] _____
- [ ] _____
- [ ] _____
- [ ] _____

My Time:

Kritzle was für die Entspannung:

Meine Woche

Datum:

Montag

Dienstag

Mittwoch

Donnerstag

Freitag

Samstag   Sonntag

„Pläne sind nichts, Planung ist alles."

Meine Woche

Datum:

Montag

Dienstag

Mittwoch

Donnerstag

Freitag

Samstag   Sonntag

„Pläne sind nichts, Planung ist alles."

Meine Woche

Montag

Dienstag

Mittwoch

Donnerstag

Freitag

Samstag   Sonntag

„Pläne sind nichts, Planung ist alles."

Meine Woche

Datum:

Montag

Dienstag

Mittwoch

Donnerstag

Freitag

Samstag   Sonntag

„Pläne sind nichts, Planung ist alles."

MEINE NOTIZEN:

TO DO LISTE:

- [ ] _____
- [ ] _____
- [ ] _____
- [ ] _____
- [ ] _____
- [ ] _____
- [ ] _____
- [ ] _____
- [ ] _____

My Time:

KRITZLE WAS FÜR DIE ENTSPANNUNG:

Meine Woche

Datum:

Montag

Dienstag

Mittwoch

Donnerstag

Freitag

Samstag   Sonntag

„Pläne sind nichts, Planung ist alles."

Meine Woche

Datum:

Montag

Dienstag

Mittwoch

Donnerstag

Freitag

Samstag   Sonntag

„Pläne sind nichts, Planung ist alles."

Meine Woche

Datum:

Montag

Dienstag

Mittwoch

Donnerstag

Freitag

Samstag   Sonntag

„Pläne sind nichts, Planung ist alles."

Meine Woche

Datum:

Montag

Dienstag

Mittwoch

Donnerstag

Freitag

Samstag

Sonntag

„Pläne sind nichts, Planung ist alles."

MEINE NOTIZEN:

TO DO LISTE:

- [ ] _____
- [ ] _____
- [ ] _____
- [ ] _____
- [ ] _____
- [ ] _____
- [ ] _____
- [ ] _____
- [ ] _____

My Time:

KRIZLE WAS FÜR DIE
ENTSPANNUNG:

Meine Woche

Datum:

Montag

Dienstag

Mittwoch

Donnerstag

Freitag

Samstag   Sonntag

„Pläne sind nichts, Planung ist alles."

Meine Woche

Datum:

Montag

Dienstag

Mittwoch

Donnerstag

Freitag

Samstag

Sonntag

„Pläne sind nichts, Planung ist alles.“

Meine Woche

Datum:

Montag

Dienstag

Mittwoch

Donnerstag

Freitag

Samstag   Sonntag

„Pläne sind nichts, Planung ist alles."

Meine Woche

Datum:

Montag

Dienstag

Mittwoch

Donnerstag

Freitag

Samstag   Sonntag

„Pläne sind nichts, Planung ist alles."

MEINE NOTIZEN:

TO DO LISTE:

My Time:

KRITZLE WAS FÜR DIE ENTSPANNUNG:

Meine Woche

Datum:

Montag

Dienstag

Mittwoch

Donnerstag

Freitag

Samstag

Sonntag

„Pläne sind nichts, Planung ist alles.“

Meine Woche

Datum:

Montag

Dienstag

Mittwoch

Donnerstag

Freitag

Samstag

Sonntag

„Pläne sind nichts, Planung ist alles."

Meine Woche

Datum:

Montag

Dienstag

Mittwoch

Donnerstag

Freitag

Samstag

Sonntag

„Pläne sind nichts, Planung ist alles."

Meine Woche

Datum:

Montag

Dienstag

Mittwoch

Donnerstag

Freitag

Samstag   Sonntag

„Pläne sind nichts, Planung ist alles."

MEINE NOTIZEN:

TO DO LISTE:

MY TIME.

Krizle was für die
Entspannung:

Meine Woche

Datum:

Montag

Dienstag

Mittwoch

Donnerstag

Freitag

Samstag   Sonntag

„Pläne sind nichts, Planung ist alles."

Meine Woche

Datum:

Montag

Dienstag

Mittwoch

Donnerstag

Freitag

Samstag

Sonntag

„Pläne sind nichts, Planung ist alles."

Meine Woche

Datum:

Montag

Dienstag

Mittwoch

Donnerstag

Freitag

Samstag   Sonntag

„Pläne sind nichts, Planung ist alles.“

Meine Woche

Datum:

Montag

Dienstag

Mittwoch

Donnerstag

Freitag

Samstag   Sonntag

„Pläne sind nichts, Planung ist alles."

MEINE NOTIZEN:

DATUM:

TO DO LISTE:

- [ ] _____
- [ ] _____
- [ ] _____
- [ ] _____
- [ ] _____
- [ ] _____
- [ ] _____
- [ ] _____
- [ ] _____

My Time:

KRIZLE WAS FÜR DIE ENTSPANNUNG:

Meine Woche

Datum:

Montag

Dienstag

Mittwoch

Donnerstag

Freitag

Samstag   Sonntag

„Pläne sind nichts, Planung ist alles.“

Meine Woche

Datum:

Montag

Dienstag

Mittwoch

Donnerstag

Freitag

Samstag   Sonntag

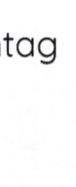
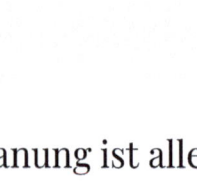

„Pläne sind nichts, Planung ist alles."

Meine Woche

Datum:

Montag

Dienstag

Mittwoch

Donnerstag

Freitag

Samstag   Sonntag

„Pläne sind nichts, Planung ist alles.“

Meine Woche

Datum:

Montag

Dienstag

Mittwoch

Donnerstag

Freitag

Samstag   Sonntag

„Pläne sind nichts, Planung ist alles."

MEINE NOTIZEN:

DATUM:

TO DO LISTE:

- [ ] _____
- [ ] _____
- [ ] _____
- [ ] _____
- [ ] _____
- [ ] _____
- [ ] _____
- [ ] _____
- [ ] _____

My Time

Kritzle was für die Entspannung

Meine Woche

Datum:

Montag

Dienstag

Mittwoch

Donnerstag

Freitag

Samstag   Sonntag

„Pläne sind nichts, Planung ist alles."

Meine Woche

Datum:

Montag

Dienstag

Mittwoch

Donnerstag

Freitag

Samstag

Sonntag

„Pläne sind nichts, Planung ist alles."

Meine Woche

Datum:

Montag

Dienstag

Mittwoch

Donnerstag

Freitag

Samstag   Sonntag

„Pläne sind nichts, Planung ist alles."

Meine Woche

Datum:

Montag

Dienstag

Mittwoch

Donnerstag

Freitag

Samstag   Sonntag

„Pläne sind nichts, Planung ist alles."

MEINE NOTIZEN:

DATUM:

TO DO LISTE:

- [ ]
- [ ]
- [ ]
- [ ]
- [ ]
- [ ]
- [ ]
- [ ]
- [ ]

MY TIME:

Krizle was für die
Entspannung:

Meine Woche

Datum:

Montag

Dienstag

Mittwoch

Donnerstag

Freitag

Samstag

Sonntag

„Pläne sind nichts, Planung ist alles."

Meine Woche

Datum:

Montag

Dienstag

Mittwoch

Donnerstag

Freitag

Samstag   Sonntag

„Pläne sind nichts, Planung ist alles."

Meine Woche

Datum:

Montag

Dienstag

Mittwoch

Donnerstag

Freitag

Samstag   Sonntag

„Pläne sind nichts, Planung ist alles."

Meine Woche

Datum:

Montag

Dienstag

Mittwoch

Donnerstag

Freitag

Samstag   Sonntag

„Pläne sind nichts, Planung ist alles.“

MEINE NOTIZEN:

DATUM:

TO DO LISTE:

- [ ]
- [ ]
- [ ]
- [ ]
- [ ]
- [ ]
- [ ]
- [ ]
- [ ]

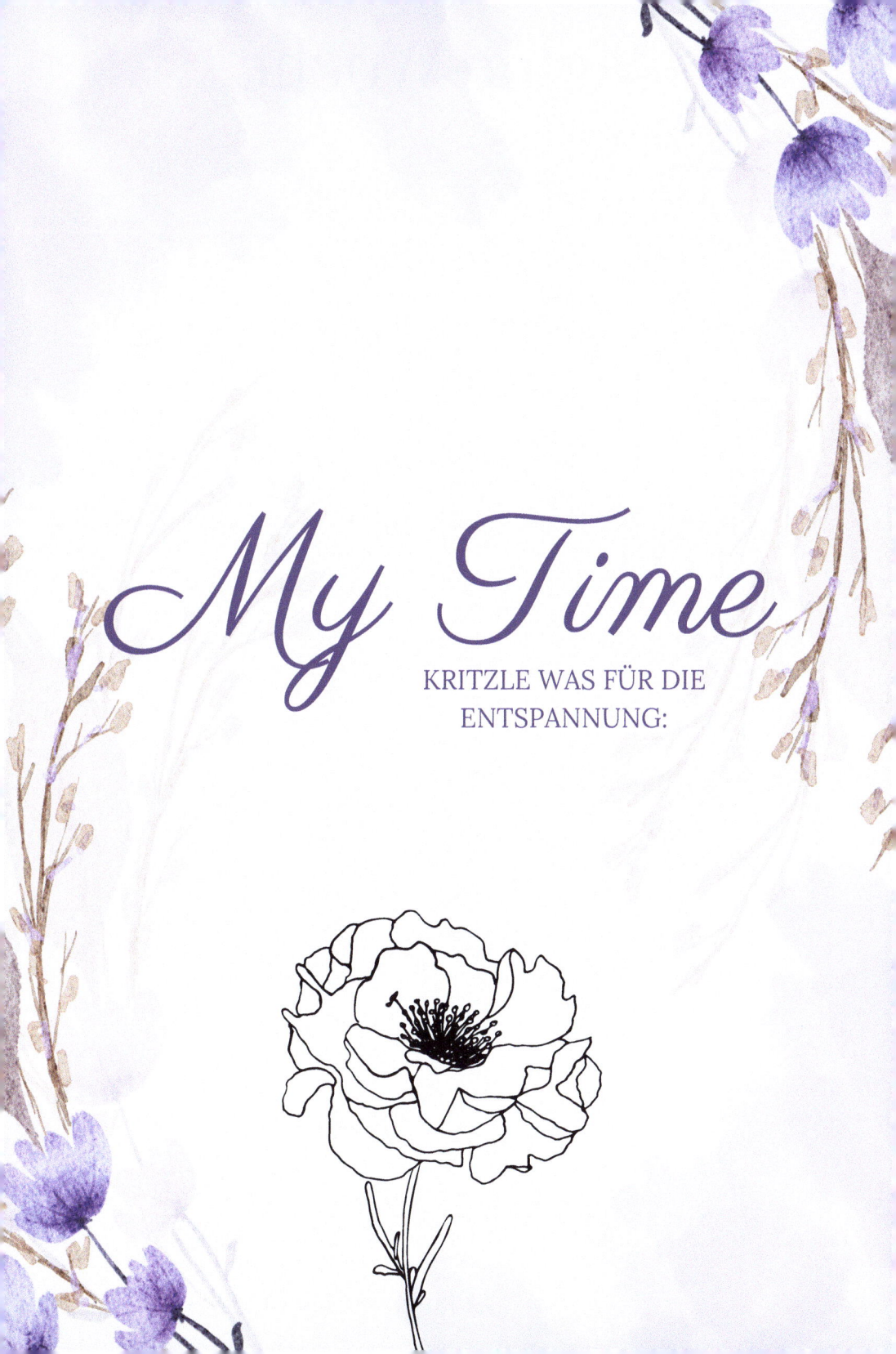

My Time

KRITZLE WAS FÜR DIE
ENTSPANNUNG:

Meine Woche

Datum:

Montag

Dienstag

Mittwoch

Donnerstag

Freitag

Samstag   Sonntag

„Pläne sind nichts, Planung ist alles."

Meine Woche

Datum:

Montag

Dienstag

Mittwoch

Donnerstag

Freitag

Samstag

Sonntag

„Pläne sind nichts, Planung ist alles."

Meine Woche

Datum:

Montag

Dienstag

Mittwoch

Donnerstag

Freitag

Samstag   Sonntag

„Pläne sind nichts, Planung ist alles."

Meine Woche

Datum:

Montag

Dienstag

Mittwoch

Donnerstag

Freitag

Samstag   Sonntag

„Pläne sind nichts, Planung ist alles.“

MEINE NOTIZEN:

TO DO LISTE:

- [ ] _____
- [ ] _____
- [ ] _____
- [ ] _____
- [ ] _____
- [ ] _____
- [ ] _____
- [ ] _____
- [ ] _____

MY TIME

KRITZLE WAS FÜR DIE ENTSPANNUNG:

Meine Woche

Datum:

Montag

Dienstag

Mittwoch

Donnerstag

Freitag

Samstag   Sonntag

„Pläne sind nichts, Planung ist alles."

Meine Woche

Datum:

Montag

Dienstag

Mittwoch

Donnerstag

Freitag

Samstag   Sonntag

„Pläne sind nichts, Planung ist alles."

Meine Woche

Datum:

Montag

Dienstag

Mittwoch

Donnerstag

Freitag

Samstag   Sonntag

„Pläne sind nichts, Planung ist alles."

Meine Woche

Datum:

Montag

Dienstag

Mittwoch

Donnerstag

Freitag

Samstag   Sonntag

„Pläne sind nichts, Planung ist alles."

MEINE NOTIZEN:

TO DO LISTE:

- [ ] _____
- [ ] _____
- [ ] _____
- [ ] _____
- [ ] _____
- [ ] _____
- [ ] _____
- [ ] _____
- [ ] _____

My Time:

Kritzle was für die
Entspannung:

Meine Woche

Datum:

Montag

Dienstag

Mittwoch

Donnerstag

Freitag

Samstag   Sonntag

„Pläne sind nichts, Planung ist alles.“

Meine Woche

Datum:

Montag

Dienstag

Mittwoch

Donnerstag

Freitag

Samstag

Sonntag

„Pläne sind nichts, Planung ist alles."

Meine Woche

Datum:

Montag

Dienstag

Mittwoch

Donnerstag

Freitag

Samstag   Sonntag

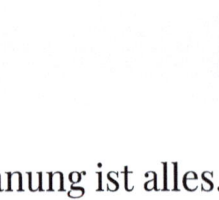

„Pläne sind nichts, Planung ist alles."

Meine Woche

Datum:

Montag

Dienstag

Mittwoch

Donnerstag

Freitag

Samstag   Sonntag

„Pläne sind nichts, Planung ist alles.“

MEINE NOTIZEN:

DATUM:

TO DO LISTE:

- [ ]
- [ ]
- [ ]
- [ ]
- [ ]
- [ ]
- [ ]
- [ ]
- [ ]

MY TIME:

Kritzle was für die
Entspannung:

Meine Woche

Datum:

Montag

Dienstag

Mittwoch

Donnerstag

Freitag

Samstag   Sonntag

„Pläne sind nichts, Planung ist alles."

Meine Woche

Datum:

Montag

Dienstag

Mittwoch

Donnerstag

Freitag

Samstag   Sonntag

„Pläne sind nichts, Planung ist alles."

Meine Woche

Datum:

Montag

Dienstag

Mittwoch

Donnerstag

Freitag

Samstag   Sonntag

„Pläne sind nichts, Planung ist alles."

Meine Woche

Datum:

Montag

Dienstag

Mittwoch

Donnerstag

Freitag

Samstag   Sonntag

„Pläne sind nichts, Planung ist alles."

MEINE NOTIZEN:

DATUM:

TO DO LISTE:

- [ ] _____

- [ ] _____

- [ ] _____

- [ ] _____

- [ ] _____

- [ ] _____

- [ ] _____

- [ ] _____

- [ ] _____

My Time:

Kritzle was für die Entspannung:

Meine Woche

Datum:

Montag

Dienstag

Mittwoch

Donnerstag

Freitag

Samstag   Sonntag

„Pläne sind nichts, Planung ist alles."

Meine Woche

Datum:

Montag

Dienstag

Mittwoch

Donnerstag

Freitag

Samstag   Sonntag

„Pläne sind nichts, Planung ist alles."

Meine Woche

Datum:

Montag

Dienstag

Mittwoch

Donnerstag

Freitag

Samstag   Sonntag

„Pläne sind nichts, Planung ist alles."

Meine Woche

Datum:

Montag

Dienstag

Mittwoch

Donnerstag

Freitag

Samstag   Sonntag

„Pläne sind nichts, Planung ist alles.“

MEINE NOTIZEN:

TO DO LISTE:

- [ ] _____
- [ ] _____
- [ ] _____
- [ ] _____
- [ ] _____
- [ ] _____
- [ ] _____
- [ ] _____
- [ ] _____

My Time:

Kritzle was für die
Entspannung:

Meine Woche

Datum:

Montag

Dienstag

Mittwoch

Donnerstag

Freitag

Samstag   Sonntag

„Pläne sind nichts, Planung ist alles."

Meine Woche

Datum:

Montag

Dienstag

Mittwoch

Donnerstag

Freitag

Samstag   Sonntag

„Pläne sind nichts, Planung ist alles.“

Meine Woche

Datum:

Montag

Dienstag

Mittwoch

Donnerstag

Freitag

Samstag   Sonntag

„Pläne sind nichts, Planung ist alles."

Meine Woche

Datum:

Montag

Dienstag

Mittwoch

Donnerstag

Freitag

Samstag   Sonntag

„Pläne sind nichts, Planung ist alles."

MEINE NOTIZEN:

DATUM:

TO DO LISTE:

- [ ] _____
- [ ] _____
- [ ] _____
- [ ] _____
- [ ] _____
- [ ] _____
- [ ] _____
- [ ] _____
- [ ] _____

My Time:

Kritzle was für die
Entspannung:

Meine Woche

Datum:

Montag

Dienstag

Mittwoch

Donnerstag

Freitag

Samstag   Sonntag

„Pläne sind nichts, Planung ist alles."

Meine Woche

Datum:

Montag

Dienstag

Mittwoch

Donnerstag

Freitag

Samstag   Sonntag

„Pläne sind nichts, Planung ist alles."

Meine Woche

Datum:

Montag

Dienstag

Mittwoch

Donnerstag

Freitag

Samstag   Sonntag

„Pläne sind nichts, Planung ist alles."

Meine Woche

Datum:

Montag

Dienstag

Mittwoch

Donnerstag

Freitag

Samstag   Sonntag

„Pläne sind nichts, Planung ist alles."

MEINE NOTIZEN:

DATUM:

TO DO LISTE:

- [ ]
- [ ]
- [ ]
- [ ]
- [ ]
- [ ]
- [ ]
- [ ]
- [ ]

My Time:

Kritzle was für die Entspannung:

Meine Woche

Datum:

Montag

Dienstag

Mittwoch

Donnerstag

Freitag

Samstag

Sonntag

„Pläne sind nichts, Planung ist alles."

Meine Woche

Datum:

Montag

Dienstag

Mittwoch

Donnerstag

Freitag

Samstag

Sonntag

„Pläne sind nichts, Planung ist alles.“

Meine Woche

Datum:

Montag

Dienstag

Mittwoch

Donnerstag

Freitag

Samstag   Sonntag

„Pläne sind nichts, Planung ist alles."

Meine Woche

Datum:

Montag

Dienstag

Mittwoch

Donnerstag

Freitag

Samstag   Sonntag

„Pläne sind nichts, Planung ist alles.“

MEINE NOTIZEN:

DATUM:

TO DO LISTE:

- [ ] _____
- [ ] _____
- [ ] _____
- [ ] _____
- [ ] _____
- [ ] _____
- [ ] _____
- [ ] _____
- [ ] _____

My Time:

Kritzle was für die Entspannung:

Meine Woche

Datum:

Montag

Dienstag

Mittwoch

Donnerstag

Freitag

Samstag   Sonntag

„Pläne sind nichts, Planung ist alles."

Meine Woche

Datum:

Montag

Dienstag

Mittwoch

Donnerstag

Freitag

Samstag   Sonntag

„Pläne sind nichts, Planung ist alles."

Meine Woche

Datum:

Montag

Dienstag

Mittwoch

Donnerstag

Freitag

Samstag   Sonntag

„Pläne sind nichts, Planung ist alles."

Meine Woche

Datum:

Montag

Dienstag

Mittwoch

Donnerstag

Freitag

Samstag   Sonntag

„Pläne sind nichts, Planung ist alles."

MEINE NOTIZEN:

DATUM:

TO DO LISTE:

MY TIME:

KRITZLE WAS FÜR DIE
ENTSPANNUNG:

Stundenplaner:

Montag	Dienstag	Mittwoch	Donnerstag	Freitag

Weitere Anmerkungen:

© 2024 Letizia Jolie Nicola

Verlag: BoD · Books on Demand GmbH, In de Tarpen 42,
22848 Norderstedt
Druck: Libri Plureos GmbH, Friedensallee 273,
22763 Hamburg
ISBN: 978-3-7693-1734-3